Made in the USA
Coppell, TX
11 January 2023

10688831R00066